La Vía Láctea

Un río de estrellas

Suzanne Sherman

Asesor

Sean Goebel, M.S.
University of Hawaii
Institute for Astronomy

Créditos de publicación

Rachelle Cracchiolo, M.S.Ed., *Editora comercial*
Conni Medina, M.A.Ed., *Gerente editorial*
Diana Kenney, M.A.Ed., NBCT, *Editora principal*
Dona Herweck Rice, *Realizadora de la serie*
Robin Erickson, *Diseñadora de multimedia*
Timothy Bradley, *Ilustrador*

Créditos de las imágenes: Portada, pág.1,
pág.3 (fondo) iStock; pág.5 ESO/Y. Beletsky; pág.6 G.
Hüdepohl/ESO; pág.9 NASA/JPL-Caltech; pág.10 NASA;
pág.11 NASA/GSFC/Dana Berry; pág.12 Science Source;
pág.13 (superior) NASA, ESA, the Hubble Heritage
Team [STScI/AURA], (centro) ESA/Hubble & NASA,
(inferior) Gilles Chapdelaine/ESA/Hubble & NASA;
pág.15 NASA/JPL-Caltech/R. Hurt [SSC/Caltech]; pág.16
NASA; p.20 (fondo) ESO; págs.18-19 (ilustraciones)
Timothy Bradley; pág.21 Wikipedia; p.22 (izquierda
y centro) Alamy, (derecha) iStock; pág.23 (centro)
NASA, (derecha) Giant Magellan Telescope - GMTO
Corporation [CC-A-SA]; pág.24 Science Source; págs.28-
29 (ilustraciones) Timothy Bradley; pág.31 ESO;
Contraportada NASA; las demás imágenes cortesía de
Shutterstock.

Teacher Created Materials

5301 Oceanus Drive
Huntington Beach, CA 92649-1030
http://www.tcmpub.com

ISBN 978-1-4258-4721-0
© 2018 Teacher Created Materials, Inc.

Contenido

Nuestro lugar en el espacio

¿Has visto alguna vez una franja nebulosa de estrellas que iluminan el cielo nocturno? Si la has visto, ¡entonces eres afortunado! Con frecuencia, las luces de las calles, los automóviles y los edificios ocultan esta bellísima luz estelar, lo que hace que sea imposible verla. Pero está allí. Está compuesta por cientos de miles de millones de estrellas que danzan en el espacio exterior. ¿Qué es? Es una galaxia. Pero no es cualquier galaxia. Es la nuestra, la Vía Láctea.

La galaxia Vía Láctea es nuestro hogar, nuestro vecindario en el espacio. Los antiguos griegos creían que su aspecto era similar a la leche derramada. Entonces llamaron a esa franja de estrellas *Galaxies Kuklos*, que significa "círculo de leche". La palabra *galaxia* proviene del griego *galactos*, que significa "leche". Los romanos la llamaron *Via Lactea*, que significa "Camino de la leche" o "Calle de la leche". Sin importar cómo lo digas, la Vía Láctea es una belleza para admirar. Las personas de todas las culturas se maravillan con ella desde tiempos inmemoriales. En la actualidad, sabemos más que nunca sobre esta galaxia.

Muchas universidades tienen observatorios que puedes usar durante un tiempo asignado. Los observatorios tienen inmensos telescopios que ofrecen asombrosas vistas de los objetos en el espacio.

Miles y miles de millones

Esperen, ¿qué fue eso? ¿Cientos de *miles de millones* de estrellas? ¿Cuánto es cientos de miles de millones? No importa cómo lo digas, cien mil millones o miles y miles de millones, nuestra galaxia contiene una cantidad increíble de estrellas. Si pudieras contar la cantidad de estrellas que hay en la Vía Láctea, ¡ocuparías cerca de 20,000 años!

Los astrónomos en un observatorio usan un láser para observar mejor la Vía Láctea.

No es de extrañar que, desde la antigüedad, muchos se han asombrado al observar la Vía Láctea. Nada en el cielo nocturno se le compara. La galaxia Vía Láctea contiene más de 200 mil millones de estrellas. Pero contiene más que solo estrellas. La Vía Láctea también está hecha de gases y polvo. También contiene planetas. **Sistemas** solares enteros, el nuestro incluido, bailan alrededor del centro de la Vía Láctea. Es como si fuéramos parte de un inmenso remolino de estrellas, planetas, gases y polvo. ¡El "remolino" tarda más de 200 millones de años en dar una sola vuelta!

Debido a que estamos dentro de la Vía Láctea, no la podemos ver toda de una sola vez. Toda imagen que hayas visto de la Vía Láctea es una representación visual o una imagen de otra galaxia. Cuando ves la Vía Láctea en el cielo, en realidad estás viendo solo una parte del "remolino". Nubes de gases y polvo nos bloquean la vista del centro de la galaxia. Gracias a radiotelescopios especiales podemos obtener información sobre lo que hay allí. Los científicos también estudian galaxias similares para aprender más sobre la nuestra.

Con el tiempo, los astrónomos descubrieron que los planetas enanos también componen el sistema solar. En el 2006 se determinó que Plutón no es un planeta, sino que es un planeta enano.

Navegación

Resulta que los seres humanos no son los únicos animales que utilizan las estrellas de la Vía Láctea para navegar. Los escarabajos peloteros hacen rodar bolas de excremento en una línea bastante recta siempre que la Vía Láctea sea visible. Cuando los investigadores les pusieron a los escarabajos sombreros de cartón para obstruir la vista, los escarabajos caminaron en círculos.

¿Qué es una galaxia?

Quizás sea difícil imaginar el verdadero tamaño de las galaxias, de los sistemas solares y del universo si los comparas entre sí. Los sistemas solares, las galaxias y el universo tienen diferentes escalas. Una escala mide el tamaño de algo. Un sistema solar es pequeño si se compara con una galaxia, y una galaxia es pequeña si se compara con el universo.

Un sistema de sistemas

Una galaxia es un ejemplo de un sistema. Un sistema es un conjunto de partes que funcionan juntas. La Luna y la Tierra forman parte de nuestro sistema solar. El sistema solar forma parte de la galaxia Vía Láctea. La galaxia Vía Láctea es parte del universo. ¡Entonces la Tierra y la Luna son un sistema dentro de un sistema dentro de otro sistema!

Todos estos sistemas permanecen unidos debido a la gravedad. La gravedad es la fuerza que atrae a dos objetos entre sí. La gravedad depende de la masa. La masa es la cantidad de materia que tiene algo. Mientras más grandes sean los objetos, más fuerte es su atracción. La gravedad también depende de la distancia. Mientras más cerca estén dos objetos entre sí, más fuerte será la atracción entre ellos. Puedes pensar en la gravedad como una soga invisible. Es como si los objetos que orbitan estuvieran atados al centro de su órbita. Pueden moverse, pero solo para dar vueltas y más vueltas. La gravedad no les permite irse flotando.

Una clase rápida sobre la masa

La masa no es solo el tamaño. Piensa en una bola de boliche y en una pelota de playa. La bola de boliche tiene más masa que la pelota de playa. Tanto la bola de boliche como la pelota de playa están hechas de materia, pero la bola de boliche tiene más.

Si la galaxia Vía Láctea tuviera el tamaño de Texas, ¡nuestro sistema solar sería del tamaño de una moneda de un centavo!

galaxia de Andrómeda

Yoyo en el espacio

Piensa en una órbita como un niño que hace girar un yoyo alrededor de su cabeza. La cuerda mantiene el yoyo girando en círculos. La gravedad actúa como la cuerda, manteniendo a los objetos en órbita. Si el niño suelta el yoyo, volaría muy lejos en línea recta. Sin la gravedad, los objetos volarían fuera de órbita.

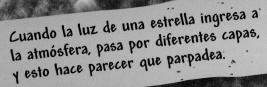

Cuando la luz de una estrella ingresa a la atmósfera, pasa por diferentes capas, y esto hace parecer que parpadea.

¿En crisis?

Es cierto, el Sol ya está a la mitad de su ciclo de vida. ¡Pero no te preocupes! Los astrónomos estiman que el Sol continuará brillando por otros cinco mil millones de años.

Estrellas

Llamamos Sol a *nuestro* sol, pero en realidad hay muchos soles. Un sol es una estrella, y una galaxia está hecha de miles de millones de estrellas. La edad del Sol es promedio si se compara con otras estrellas. Algunas estrellas son más viejas y otras son más jóvenes. El Sol también es la estrella más cercana a la Tierra. Es por eso que no puedes ver la luz de otras estrellas durante el día, cuando recibimos la luz del Sol.

Descubre algo

La persona más joven en descubrir una supernova fue un niño de 10 años de Canadá. Buscaba supernovas en su observatorio local. Quería ganarle a su hermana mayor, que tenía el récord antes que él.

supernova

Las estrellas cambian mucho durante su larga vida. En determinados momentos, emiten menos luz. Cuando mueren, algunas estrellas explotan violentamente, como magníficas **supernovas**. Las supernovas son las estrellas más brillantes. Son millones de veces más brillantes que el Sol. Entonces es posible que las estrellas más lejanas que podemos ver sean supernovas. Pero hasta las supernovas se ven tenues si están muy lejos.

Con tantas estrellas en una galaxia, no debe sorprendernos que algunas de ellas tengan planetas. Y de todos esos planetas, es probable que en algunos exista vida. Los astrónomos estiman que alrededor de 10 mil millones de planetas en la Vía Láctea podrían tener agua líquida, que es un requisito importante para la vida. ¡Es algo para considerar la próxima vez que admires las estrellas!

Tipos de galaxias

No todas las galaxias tienen el mismo aspecto que la Vía Láctea, pero sí tienen algunas cosas en común. Todas las galaxias tienen en el centro una protuberancia llena de estrellas. El gas y el polvo a veces forman brazos que giran alrededor en círculo y se llaman *brazos espirales*.

Las galaxias pueden clasificarse en tres grupos según su forma: espiral, elíptica e irregular. Las galaxias espirales tienen brazos que salen en un círculo desde el medio. La Vía Láctea es un ejemplo perfecto de una galaxia espiral. Por otra parte, las galaxias elípticas se parecen a una protuberancia. Pueden ser redondas o tener la forma de una pelota de fútbol americano. Las galaxias irregulares no son ni espirales ni elípticas.

Los científicos aún están trabajando para comprender por qué las galaxias tienen formas diferentes. Creen que todas las galaxias comenzaron como galaxias espirales. Luego, las galaxias cercanas ejercen fuerza sobre ellas, se combinan con ellas y colisionan con ellas, cambiando así su forma.

Estudio del cielo

En la década de 1920, Edwin Hubble descubrió la primera evidencia de que la Vía Láctea no era la única galaxia. También observó patrones entre las formas de las galaxias y las clasificó en grupos. El famoso telescopio espacial Hubble que orbita alrededor de la Tierra recibió este nombre en su honor.

Edwin Hubble

Los astrónomos creen que cuando las galaxias espirales chocan contra otras galaxias, se vuelven irregulares. Con el tiempo, estas galaxias irregulares colapsan y se convierten en galaxias elípticas.

espiral

irregular

elíptica

Nuestra galaxia

La Vía Láctea es una galaxia espiral barrada. Se le llama *barrada* porque parece que hubiera una barra que rota en el centro. Las estrellas, el polvo y el gas forman esta línea a lo largo del centro. Alrededor de un tercio de todas las galaxias espirales son barradas.

La Vía Láctea es un poco más grande que la mayoría de las galaxias. El disco de la Vía Láctea mide alrededor de 100,000 **años luz** de un lado al otro. Su protuberancia mide alrededor de 1,000 años luz de grosor. Un halo, compuesto principalmente de **materia oscura**, rodea a la totalidad de la galaxia. La materia oscura no puede observarse pero tiene gravedad. Los científicos notaron que las estrellas orbitaban alrededor de la galaxia más velozmente de lo esperado. Esto significa que debe haber más de lo que pueden ver. Al igual que todas las galaxias, a la Vía Láctea la mantiene unida la gravedad.

La Vía Láctea tiene dos brazos principales que giran alrededor del centro. Se llaman Escudo-Centauro y Carina-Sagitario. Entre los dos brazos más grandes hay brazos más pequeños, como el brazo de Orión. El Sol y sistema solar están en el brazo de Orión. Estamos a aproximadamente 27,000 años luz del centro de la Vía Láctea.

espiral

espiral barrada

10:12

100%

Años luz

La luz se mueve más rápido que cualquier otra cosa. Un año luz es la distancia que viaja la luz en un año. Es igual a cerca de 9,462,942,720,000 kilómetros (5,880,000,000,000 millas). Los científicos usan los años luz para medir cosas que están lejos, como las estrellas y las galaxias. Más allá del Sol, la estrella más cercana está a aproximadamente 4.2 años luz. La galaxia más cercana está a 163,000 años luz.

Estás aquí.

Los astrónomos han observado que en los últimos siete mil millones de años la cantidad de galaxias barradas se triplicó.

La gravedad de los agujeros negros es tan fuerte que hasta puede atraer otros agujeros negros.

El centro

En el centro de la Vía Láctea, dentro de la protuberancia, se encuentra el **núcleo**. El núcleo es muy denso y extremadamente brillante. ¡Oculto dentro del brillante núcleo, hay un **agujero negro**! Los agujeros negros actúan como huecos en el espacio. No podemos medir estrellas, polvo ni ninguna otra materia dentro de ellos. Pero en realidad están llenos de materia y su masa es increíble. Tienen tanta masa que la gravedad es más fuerte que todo lo que está a su alrededor. Es tan poderoso que ni siquiera la luz puede escapar. ¡El agujero negro que está en el centro de la Vía Láctea tiene más de cuatro millones de veces la masa del Sol!

Dibujo de un artista de un agujero negro que atrae la materia de una estrella azul.

¡Qué ocurrencia!

La palabra *núcleo* viene del latín *nux*, que significa "nuez". Un núcleo es la parte central o más importante de algo.

Si no podemos ver los agujeros negros, ¿cómo sabemos que existen? Los científicos han observado los efectos de los agujeros negros. Han observado materia atraída hacia los agujeros negros. Los agujeros negros producen una gravedad intensa que mantiene unidas a las galaxias. Recuerda, la gravedad es como una cuerda que mantiene a los objetos en órbita. Las galaxias necesitan una cuerda muy fuerte para mantener a todas esas estrellas, planetas y gases en órbita.

El nacimiento de la Vía Láctea

¿Cómo se formó la Vía Láctea? Nadie lo sabe con certeza. Pero los científicos han reunido evidencia para tener una idea aproximada. Los astrónomos han observado que las nubes de gas en el espacio se chocan entre sí y se fusionan. Cuando las nubes de gas chocan, se unen y su energía se combina. Piensa en los vagones de un tren. Imagina que un vagón embiste contra otro vagón en la misma vía. Se conectan y avanzan como un solo objeto. La misma idea rige para la formación de las galaxias.

estrellas jóvenes

gas

polvo

Las estrellas comienzan a rotar alrededor del centro de la masa.

Los cuerpos de gas, polvo y estrellas jóvenes chocan.

Cuando se formaron las galaxias, también nacieron las estrellas. Las estrellas ocupan una pequeña cantidad de espacio si se comparan con las nubes de gas y las galaxias. Y no es probable que choquen entre sí. Entonces, ¿de dónde vienen? Dentro del gas y el polvo se forman las estrellas. Es probable que las estrellas también se formen del gas y las nubes. Las estrellas más antiguas están ubicadas en el halo que está alrededor del exterior de la galaxia. Las estrellas más jóvenes están en los brazos espirales.

Nada en el espacio está inmóvil. Todas las galaxias se están alejando unas de otras.

El movimiento creado por el disco giratorio hace que se formen los brazos espirales.

La rotación contrae la nube y forma un disco galáctico.

19

Cómo sabemos

Hemos aprendido mucho sobre la galaxia que llamamos hogar. Ha sido un largo proceso, que abarca toda la historia de la humanidad. Pero aún hay mucho más por descubrir.

Primeras ideas

Las personas notaron patrones en las estrellas mucho antes de que tuvieran la información suficiente para explicarlas. Estos patrones se convirtieron en parte de sus historias, o mitos. Por ejemplo, el pueblo maorí de la Polinesia tenía un mito sobre la Vía Láctea. Según la leyenda, la Vía Láctea era una canoa que usó un guerrero. El guerrero tomó la canoa y la llevó a un lago, pero el sol bajó y estaba lejos de casa. El cielo estaba completamente oscuro porque aún no había estrellas. El guerrero llevó la canoa hasta un río que desembocaba en los cielos. Allí, esparció guijarros brillantes para iluminar el cielo.

Demócrito fue un filósofo griego que también tenía ideas sobre la Vía Láctea. Creía que la Vía Láctea podría estar hecha de estrellas. Pero otro filósofo, Aristóteles, creía otra cosa. Creía que la Vía Láctea era parte del sistema de la Tierra. El antiguo astrónomo árabe Ibn al Hayzam, conocido también como Alhazen, midió la posición de la Vía Láctea. A partir de sus observaciones, concluyó que la Vía Láctea debía ser lejana y no formaba parte de la Tierra. Alhazen se considera uno de los primeros verdaderos científicos.

Puedo ver la luz

Alhazen vivió en el Medio Oriente hace mil años. Alhazen estudió el movimiento de la luz, el funcionamiento de los ojos y las causas de los colores, las ilusiones ópticas y los reflejos. Escribió más de 200 libros.

 A lo largo del tiempo, las personas le dieron a la galaxia algunos nombres coloridos, incluido El Camino del Ladrón de Paja, Las Brasas, Por Donde Se Escapó el Perro, El Río Plateado del Cielo y el Río Celestial.

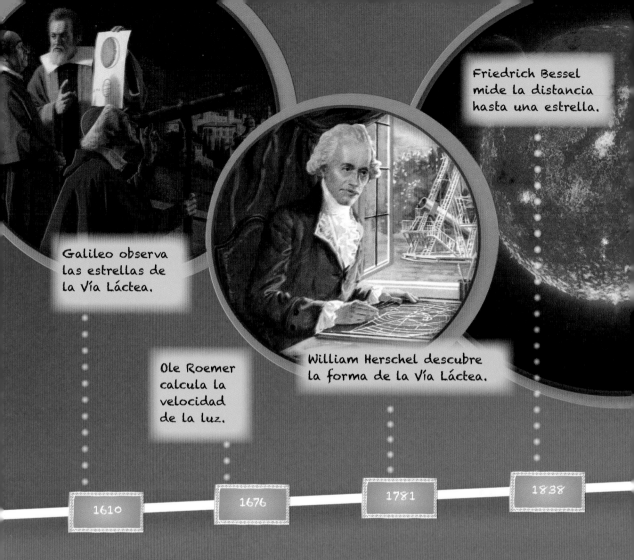

Friedrich Bessel mide la distancia hasta una estrella.

Galileo observa las estrellas de la Vía Láctea.

Ole Roemer calcula la velocidad de la luz.

William Herschel descubre la forma de la Vía Láctea.

1610

1676

1781

1838

La ayuda de los telescopios

Los telescopios se inventaron en el siglo XVII. Fue un cambio inmenso para la astronomía. Galileo Galilei fue la primera persona en usar un telescopio para estudiar el cielo sistemáticamente. Descubrió que la Vía Láctea en realidad estaba hecha de estrellas. Su telescopio sería considerado rudimentario según los estándares actuales. Pero aun así, vio muchas más estrellas de las que se habían visto antes. ¡El telescopio había hecho visible lo invisible!

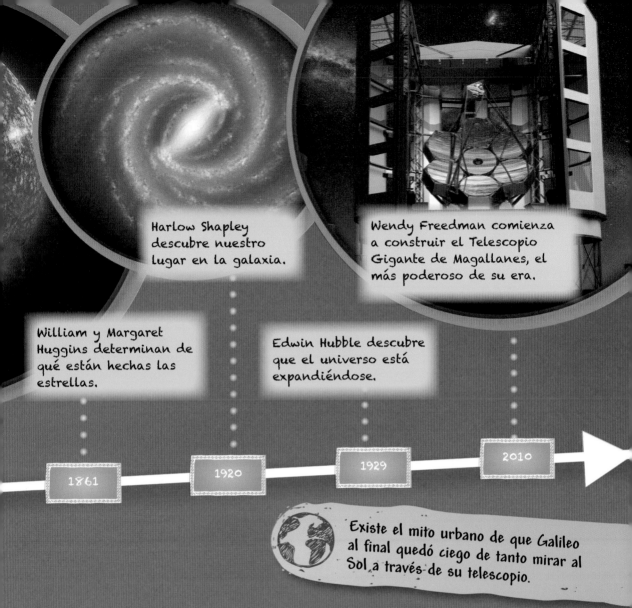

Harlow Shapley descubre nuestro lugar en la galaxia.

Wendy Freedman comienza a construir el Telescopio Gigante de Magallanes, el más poderoso de su era.

William y Margaret Huggins determinan de qué están hechas las estrellas.

Edwin Hubble descubre que el universo está expandiéndose.

2010

1861

1920

1929

Existe el mito urbano de que Galileo al final quedó ciego de tanto mirar al Sol a través de su telescopio.

Desde los tiempos de Galileo, los telescopios se volvieron mucho más avanzados. Los telescopios de la actualidad usan todo tipo de luz, no solo la luz visible. Algunos usan ondas de radio, otros usan rayos X y aún otros usan la luz infrarroja. En la actualidad, los telescopios pueden ser inmensos. El telescopio más grande del mundo es el Radiotelescopio de Arecibo. Este radiotelescopio gigante mide 305 metros (1,000 pies) de un lado al otro. Estas herramientas complejas han revelado más detalles sobre la Vía Láctea. Han demostrado, entre otras cosas, que la Vía Láctea está hecha no solo de estrellas, sino también de gas y polvo.

Ayuda matemática

Los telescopios revelan mucho sobre el cielo, al igual que los números. Las matemáticas ayudan a que los científicos aprendan de sus observaciones y han revelado mucho sobre la Vía Láctea. En el siglo XVIII, el astrónomo Sir William Herschel razonó sobre la forma de la Vía Láctea. Si la Vía Láctea es redonda, pensó, entonces debería haber la misma cantidad de estrellas en todas las direcciones. Herschel y su hermana, Caroline, contaron la cantidad de estrellas en 600 áreas del cielo. *No* había la misma cantidad de estrellas en todas las direcciones. Los hermanos Herschel habían descubierto la forma de disco de la Vía Láctea, ¡solo contando estrellas!

A principios del siglo XX, Jacobus Kapteyn usó el paralaje para estudiar la Vía Láctea. Para usar el paralaje, debes observar la posición de un objeto desde dos lugares diferentes. Entonces, Kapteyn midió las estrellas de dos lugares diferentes en la órbita terrestre. Hizo más de 10,000 mediciones de paralaje. Analizó sus observaciones usando la matemática. Con este método, Kapteyn descubrió que la Vía Láctea rota.

Alrededor del mismo momento, Harlow Shapley midió la distancia y el brillo de las estrellas. Las estrellas más cercanas son más brillantes que las estrellas distantes. Shapley creó un gráfico de la Vía Láctea con sus números. El gráfico mostraba la forma de la Vía Láctea.

Jacobus Kapteyn

Conclusiones con las que puedes contar

Cuando las observaciones de diferentes tipos de estudios coinciden, las conclusiones son más confiables. La conclusión de que la Vía Láctea tiene la forma de un disco proviene de contar las estrellas, del paralaje y de observar a otras galaxias; por lo tanto, es muy probable que sea así.

Comprender un paralaje

Sostén el pulgar delante de ti. Cierra un ojo, luego el otro. Observa cómo el pulgar "salta". Mientras más cerca está el pulgar, más parece saltar. Esto es el paralaje. Los astrónomos usan este método para medir distancias en el espacio. Observan y registran la ubicación de un objeto. Luego, seis meses después, observan y registran la nueva ubicación.

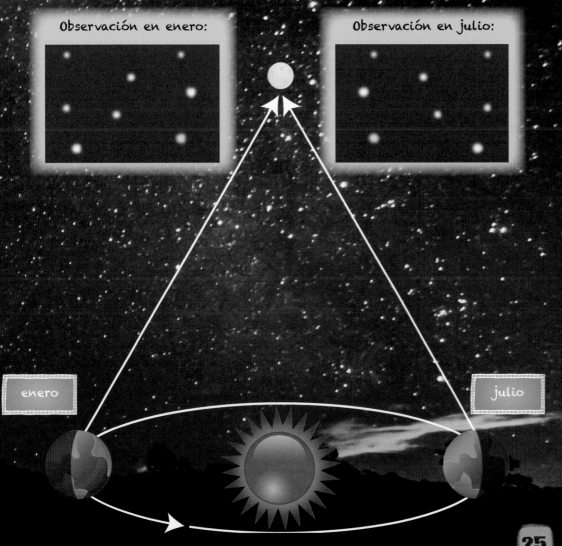

Observación en enero:

Observación en julio:

enero

julio

"El cielo nos llama.
Si no nos destruimos,
algún día nos aventuraremos
a las estrellas.
Un amanecer más glorioso nos
espera.
No la salida del sol,
la salida de una galaxia.
Una mañana llena de 400 mil
millones de soles.
La salida de la Vía Láctea".

—Carl Sagan, astrónomo

El panorama general

A pesar de lo inmensa que es, la Vía Láctea es solamente una de los cientos de miles de millones de galaxias en el universo. De solo pensarlo, todo lo demás parece diminuto. El sistema solar completo parece pequeño. El planeta parece aún más pequeño. Y las personas… bueno, ¡parecemos microscópicas!

La Vía Láctea es solamente una de al menos 40 galaxias del grupo llamado el *Grupo Local*. La mayoría de las galaxias de este grupo son más pequeñas que la Vía Láctea. De hecho, hay otra galaxia espiral grande en el Grupo Local llamada *Andrómeda*. En las noches oscuras y sin luna, durante el otoño y el invierno, puedes ver a Andrómeda sin telescopio, aunque es más fácil con binoculares. Parece una pequeña nube en el cielo.

En el hemisferio sur se pueden ver otras dos galaxias más pequeñas sin ayuda de telescopio. Se conocen como *Nubes de Magallanes Grande* y *Pequeña*. Las Nubes de Magallanes son las galaxias más cercanas a la Vía Láctea.

Las personas siempre observaron el cielo nocturno con admiración. Ahora, cuando miramos las estrellas y galaxias, podemos explicar más sobre ellas como nunca antes. Imagina qué otra cosa podemos aprender con el avance de la tecnología. El telescopio de Galileo reveló una galaxia de estrellas. ¿Qué podrían revelar los próximos telescopios?

Piensa como un científico

¿Cuál es el aspecto de una galaxia espiral? ¡Experimenta y averígualo!

Qué conseguir

- barra de pegamento
- cartón fino
- guata de poliéster
- lápiz
- brillantina dorada y plateada
- regla
- tijeras

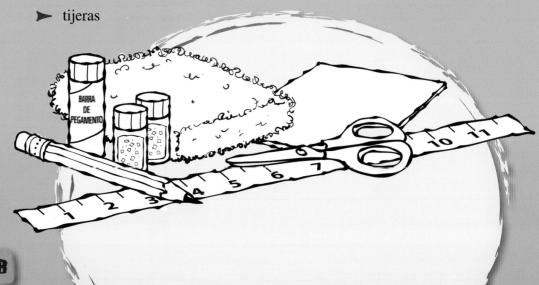

Qué hacer

1 Recorta el cartón en un círculo de 12 centímetros (4.7 pulgadas) de diámetro.

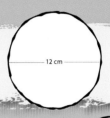

2 En medio del círculo, haz dos pequeños cortes de 1 cm (0.4 in) aproximadamente para formar una X.

3 Cubre la superficie del cartón con pegamento. Haz una bola con un poco de guata y pégala en el centro del círculo.

4 Usa secciones delgadas de más guata para formar los brazos espirales. Colócalos alrededor del centro.

5 Esparce brillantina para representar las estrellas. No olvides poner más en el centro.

6 Desliza el lápiz con la punta hacia abajo por el hueco que está en el cartón. Haz girar el lápiz para representar la rotación de la galaxia. ¿En qué crees que este modelo de la galaxia se parece a la Vía Láctea real?

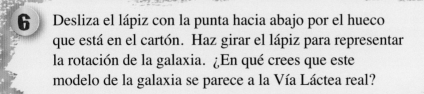

Glosario

agujero negro: un área en el espacio con una gravedad tan intensa que la luz no puede escapar

años luz: la distancia que puede viajar la luz en un año

astrónomos: personas que observan los fenómenos celestes

escalas: tamaños o niveles de cosas especialmente en comparación con otras cosas

estrellas: inmensas bolas de gas que producen calor y luz

galaxia: un sistema de estrellas, gas y polvo que la gravedad mantiene unido

gráfico: un dibujo que muestra puntos individuales

gravedad: una fuerza que actúa entre los objetos, atrayéndolos entre sí

masa: la medida de la cantidad de materia de un objeto

materia oscura: materia que no puede verse

núcleo: la parte central o más importante de algo

orbitan: se trasladan alrededor de algo en una trayectoria curva

paralaje: la diferencia de cómo se ve un objeto desde dos puntos de vista distintos

sistemas: grupos de partes que funcionan juntas

supernovas: explosiones de estrellas que hacen que sean extremadamente brillantes

Índice

¡TU TURNO!

Observa el cielo nocturno

Acompañado por un adulto, sal en una noche despejada. Lentamente, observa el cielo. ¿Puedes ver algún meteoro (estrella fugaz), galaxias o planetas? Experimenta con un mapa estelar o una aplicación de un teléfono inteligente para encontrarlas. Registra tus observaciones y compártelas con un amigo.